고집북스 〈포기하지마〉 시리즈 no.3

" 영품의

공식자랑

중1에서 고3까지
한번에 정리한

영문법

GO
ZIP books

목차

Warming-up '이것부터 알고 가자'

"영포의
공식집"

Warming_up
이것부터 알고 가자

영어 약자 사전

1 품사 Parts of speech

명사	noun → n.
대명사	pronoun → pron.
동사	verb → v.
형용사	adjective → a.
부사	adverb → ad.
접속사	conjunction → conj.
전치사	preposition → prep.
감탄사	interjection → int.

2 문장 성분 Sentence elements

주어	Subject → S
동사	Verb → V
목적어	Object → O
	간접 목적어 Indirect Object : I.O.
	직접 목적어 Direct Object : D.O.
보어	Complement → C
	주격 보어 Subjective Complement : S.C.
	목적격 보어 Objective Complement : O.C.
수식어(구/절)	Modifier → M

영문법 시작을 위한 Grammar Map

문장을 이루는 각 단어는 그 의미와 구실에 따라서
크게 여덟 가지로 나눌 수 있는데, 이것을 8품사라고 한다.

★ 팡쌤의 비법

명/대/동/형/부/전/접/감
→ 명대동에 사는 형부는 성은 전 이름은 접감

1) 명사 : 사람, 동물, 사물의 이름으로 문장에서 주어, 목적어, 보어로 쓰인다.

→ **명사 역할은 주어(S), 보어(C), 목적어(O)**

ex) mother, family, milk, love, Tom, …

2) 대명사 : 명사를 대신하여 쓰는 말로 문장에서 주어, 목적어, 보어로 쓰인다.

→ **대명사 역할은 주어(S), 보어(C), 목적어(O)**

ex) I, my, myself, this, what, some, which, …

3) 형용사 : 사람, 동물, 사물의 성질, 상태, 수량 등을 나타내며 명사와 대명사를 수식하거나 서술한다. 문장에서 보어로 쓰인다.

→ **형용사 역할은 명사 수식(M), 보어(C)**

ex) wise, tall, red, many, this, …

4) 부사 : 때, 장소, 정도 등을 나타내며 동사, 형용사, 부사, 문장 전체를 수식한다.

→ **부사 역할은 [동사, 형용사, 부사, 문장 전체] 수식(M)**

ex) here, there, well, always, …

5) 동사 : 사람, 동물, 사물의 동작이나 상태를 나타낸다.

　→ **동사 역할은 주어의 동작이나 상태를 나타냄(V)**

　ex) am, can, have, sing, love, think, …

6) 전치사 : 명사, 대명사 앞에 붙여 형용사(구), 부사(구)를 나타낸다.

　ex) at, in, on, for, with, …

7) 접속사 : 단어와 단어, 구와 구, 절과 절을 연결한다.

　ex) and, that, because, when, …

8) 감탄사 : 감정을 나타낸다.

　ex) ah, oh, …

Check the sample sentence

"같은 단어도 문장 안에서 어떤 역할을 하느냐에 따라 품사가 결정된다."

watch가 문장 안에서 어떤 역할을 하는지 품사를 비교해 보자.

1) I have a new watch. (명사)

　　→ '시계'라는 명사 역할

2) You must watch the sheep. (동사)

　　→ '~을 보다'라는 동사 역할

clean이 문장 안에서 어떤 역할을 하는지 품사를 비교해 보자.

1) Let's go to the clean room. (형용사)

　　→ 명사를 수식하는 '깨끗한'이라는 형용사 역할

2) Let's go and clean the room. (동사)

　　→ '~을 청소하다'라는 동사 역할

2 구와 절을 확실히 파악하자

문장에서 '주어 + 동사'의 관계가 있으면 **절**이고, '주어 + 동사'의 관계가 없으면 **구**이다.
이러한 구와 절은 하나의 품사와 같은 역할을 한다.

★ 팡쌤의 비법

> **명사구/절** → 문장 안에서 주어(S), 목적어(C), 보어(O)로 쓰인다.
> **형용사구/절** → 명사를 수식(M)하거나 보어(C)로 쓰인다.
> **부사구/절** → 형용사, 동사, 또 다른 부사, 문장 전체를 수식(M)한다.

Check the sample sentence

품사가 문장 속에서 하는 역할을 **파악하자.**

1) I don't know what to do.

   명사구 → 동사 뒤에서 목적어 역할

2) No one knows what will happen tomorrow.

   대명사구 → 문장 맨 앞에서 주어 역할

3) I want to employ a boy of honesty.

   형용사구 → 명사를 뒤에서 수식하는 형용사 역할

4) He didn't know what to say at that time.

   부사구 → 시간을 나타내는 부사구 역할

5) She took care of her mother.

   동사구 → 주어 뒤에서 동사 역할

Check the sample sentence

6) In front of the building, there used to be a big pond.
   전치사구

7) As soon as he saw a policeman, he ran away.
   접속사구

8) My God! He is dead.
   감탄사구

9) I know that he is honest.
   명사절

10) This is the letter which he wrote.
    형용사절

11) If you work harder, you will succeed.
    부사절

3 주부와 술부로 구성되는 문장

문장은 크게 주부와 술부의 두 부분**으로 이루어진다.**

★ 팡쌤의 비법

> **주부** → 문장의 주체가 되는 부분으로 주어가 그 중심이 된다.
>
> **술부** → 주부의 동작, 상태, 성질 등을 설명해 주는 부분으로
> 동사가 그 중심이 된다.

Check the sample sentence

[주부 / 술부]로 **구분해 보자.**

1) They / live in Wonju.
   그들은 원주에서 산다.

2) Mary and I / are very good friends.
   Mary와 나는 아주 좋은 친구들이다.

3) The man in the store / looks very old.
   그 가게에 있는 남자는 매우 늙어 보인다.

3) That her novel will be sold very well / is no wonder.
   그녀의 소설이 잘 팔릴 것이라는 것은 당연하다.

문장 성분을 알아보자

문장의 4대 주인공은 S,V,O,C 그리고 그들을 꾸며주는 조연 M이 있다.

★ 팡쌤의 비법

> 문장을 구성하는 주요 성분으로
> **주어(S), 동사(V), 목적어(O), 보어(C)가** 있다.
> 그리고 그들을 꾸며 주는 **수식어(M)가** 있는데
> 수식어는 생략해도 문장은 성립한다.

Check the sample sentence

주어 : 문장의 주체이며 명사에 상당하는 어구가 쓰인다.

1) The sky is blue. (명사가 주어)
2) She is an English teacher. (대명사가 주어)
3) To speak English is difficult. (to부정사가 주어)
4) Seeing is believing. (동명사가 주어)
5) How to do is more important than what to do. (명사구가 주어)

동사 : 주어의 동작, 상태를 나타내며 조동사가 있는 경우 조동사까지 포함한다.

1) He never smiles. (웃다)
2) Father made me a great scientist. (만들었다)
3) She can swim across the river. (수영하다)

목적어 : 동사의 대상에 해당하는 말로 명사에 상당하는 어구가 쓰인다.

1) We play baseball after school. (명사가 목적어)
2) Everyone likes him. (대명사가 목적어)
3) You want to buy a car. (to부정사가 목적어)
4) You have to stop smoking. (동명사가 목적어)
5) I don't know what to do. (명사구가 목적어)
6) I don't know if she will come to the party. (명사절이 목적어)

Check the sample sentence

보어 : 주어나 목적어를 보충 설명해 주는 말로 명사와 형용사에 상당하는 어구가 쓰이며,
　　　주어를 보충 설명하는 '주격 보어'와 목적어를 보충 설명하는 '목적격 보어'가 있다.

1) My sister became a doctor. (명사가 주격 보어)
2) You are so beautiful. (형용사가 주격 보어)
3) I made my teacher angry. (명사가 목적격 보어)
4) He calls me Joy. (형용사가 목적격 보어)

수식어 : 문장에서 주어, 동사, 목적어, 보어 이외의 문장 요소는 모두가 수식어이다.
　　　　수식어에는 '형용사(구/절)'나 '부사(구/절)'가 있다.

"영포의
공식집"

Chaper 1

수 일치

<1> 주어: A of B

is냐 are냐?

★ 팡쌤의 비법공식

> **주어 [A of B] → 동사는 진짜 주어 A와 수 일치**

34

We can solve this!

The popularity of hip-hop artists [is / are] growing
much faster than we expect.

힙합 아티스트의 인기는 우리가 예상하는 것보다 훨씬 더 빠르게 성장하고 있다.

> 주어 형태가 [A of B]일 때

> 동사는 A와 수 일치

The popularity of hip-hop artists에서
진짜 주어는 the popularity로 단수이므로 이어지는 동사도 단수 ▶ is

<2> 주어: Most of A

WAS냐 WERE냐?

★ 팡쌤의 비법공식

> **Most[All, Half, Some, A quarter, The rest] of A**
> **→ 동사는 진짜 주어 A와 수 일치**

We can solve this!

Most of his patients [was / were] poor farmers who had difficulty paying for Dr. Kim.

그의 환자들 중 대부분은 의사 Kim에게 비용을 지불하기 어려운 가난한 농부들이었다.

주어의 형태가 [Most of A]일 때   동사는 A와 수 일치

주어(Most of his patient)가 복수이므로 동사도 복수 ▶ were

37

<3> 주어: 동명사구 / to부정사구

depends냐 depend냐?

★ 팡쌤의 비법공식

[동명사구 또는 to부정사구] 주어는 단수 → 동사도 단수

We can solve this!

Maintaining good social relations [depends / depend] on the capacity for guilt.

좋은 사회 관계를 유지하는 것은 죄책감의 능력에 의존한다.

[동명사구 또는 to부정사구]가 주어일 때 단수 취급

동사도 단수

주어(Maintaining good social relations)는
동명사구로 단수 취급하므로 동사도 단수 ▶ depends

39

<4> 주어 + 수식 구/절(wh-)

has냐 have냐?

★ 팡쌤의 비법공식

> **주어 + 수식 구/절 + 동사 → 주어와 동사의 수 일치**

We can solve this!

People who worry about health all the time always [has / have] health problems.

건강에 대해 늘 걱정하는 사람은 언제나 건강 문제를 가진다.

[주어 + 수식 구/절 + 동사]일 때

주어와 동사 수 일치

수식 절(who worry about health all the time)의
수식을 받는 주어 People이 복수이므로 동사도 복수 ▶ have

41

<5> 주어: 명사절

is냐 are냐?

★ 팡쌤의 비법공식

> **that[whether, what, how, …]절이 주어면 단수**
> **→ 동사도 단수**

We can solve this!

Who will be her classmates this year [is / are] my daughter's biggest worry.

올해는 누가 같은 반 친구들이 될 것인지가 내 딸의 가장 큰 걱정이다.

주어가 의문사(접속사)가 이끄는 명사절일 때 단수 취급   동사도 단수

주어(Who will be her classmates this year)는
의문사가 이끄는 명사절로 단수 취급하므로 동사도 단수 ▶ is

43

<6> 수 일치 심화

behaves냐 behave냐?

★ 팡쌤의 비법공식

> [선행사 + 주격 관계대명사 + 동사] → 선행사와 동사의 수 일치
>
> [V + S](도치문) → 동사와 주어의 수 일치

We can solve this!

Those dangerous spiders which [behaves / behave] like wolves
are called wolf spiders.

늑대처럼 행동하는 저 위험한 거미들은 늑대거미라고 불린다.

> 선행사 + 주격 관계대명사 + 동사

> 동사는 선행사와 수 일치

관계대명사(which)의 선행사(spiders)가 복수이므로 동사도 복수 ▶

Tall trees catch much wind.
큰 나무가 많은 바람을 맞는다.

 ★ 비슷한 한국 속담
'모난 돌이 정 맞는다.'

"영포의
공식집"

Chaper 2
문장의 동사

<7> 동사 vs 현재분사(~ing)

wasLㅑ being이Lㅑ?

★ 팡쌤의 비법공식

> **주어 다음에 이어지는 동사 자리 → ~ing X (불가능)**

We can solve this!

He insisted that returning the car [was / being] the right thing he could do.

그는 그 차를 돌려주는 것이 그가 할 수 있는 올바른 일이라고 주장했다.

> that절의 동사를 찾아라

> 동사가 있다면 현재분사 / 동사가 없다면 동사

that절에서 주어(returning the car)에 이어지는 동사가 없으므로 ▶ was

<8> 동사 vs to부정사

increase냐 to increase냐?

★ 팡쌤의 비법공식

주어 다음에 이어지는 동사 자리 → to부정사 X (불가능)

We can solve this!

People younger than 30 who use tanning machines [increase / to increase]
their risk of skin cancer by 70%.

태닝 기계를 사용하는 30세 미만의 사람들은 피부암의 위험이 70% 증가한다.

동사를 찾아라

동사가 있다면 to부정사 / 동사가 없다면 동사

주어(People younger than 30) + 수식어(who use tanning machines)에
이어지는 동사가 없으므로 ▶ increase

51

<9> 동사 과거형 vs 과거분사(p.p.)

called(동사 과거형)냐 called(과거분사)냐?

★ 팡쌤의 비법공식

> **동사ed를 구별하라! → '동사 과거형'인지 '과거분사'인지**

We can solve this!

Korean scientists **have been developing** a new spacecraft called 'Danuri'.

한국의 과학자들은 '다누리'라고 불리는 새로운 우주선을 개발해 오고 있는 중이다.

동사를 찾아라

동사가 없다면 동사 과거형 / 동사가 있다면 과거분사

문장의 동사(have been developing)가 있으므로 called는
'불렀다(동사 과거형)'이 아니라 '불리는(과거분사)'이므로 ▶ 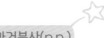 과거분사(p.p.)

53

walls have ears.
벽에도 귀가 있다.

 ★ 비슷한 한국 속담
'낮 말은 새가 듣고, 밤 말은 쥐가 듣는다.'

"영포의
공식집"

Chaper 3
대명사

<10> it vs they

it이냐 them이냐?

★ 팡쌤의 비법공식

> 단수 **명사** → 단수 **대명사로**
> 복수 **명사** → 복수 **대명사로**

We can solve this!

Living things exist in a non-living universe and depend on [it / them]
in many ways.

생명체들은 무생명의 우주 안에 존재하고 여러모로 그것에 의존한다.

> 대명사의 수를 결정할 때

> 그 대명사가 받는 명사의 수에 의해 결정

a non-living universe가 단수 명사이면 대명사도 단수이므로 ▶ it

<11> thier vs thiers

their냐 theirs냐?

★ 팡쌤의 비법공식

> 소유대명사[mine, your, his, hers, ours, theirs]
> → 소유격[my, your, his, her, our, their] + 명사

★★★ We can solve this!

1) Your hobby exactly coincides with [?   ].

너의 취미는 나의 취미와 정확히 일치한다.

2) The Greeks believed in the power of men to control
   [their / theirs] own destinies.

그리스인들은 자기들의 운명을 통제하는 인간의 힘을 믿었다.

[소유격 + 명사]일 때	소유대명사로 표현

1) my hobby[소유격 + 명사]를 대신하므로 소유대명사 ▶ mine
2) men을 대신하고 뒤에 명사 destinies가 있으므로 소유격 ▶ their

59

<12> her vs herself

her이냐 herself냐?

★ 팡쌤의 비법공식

> ## 재귀대명사(oneself)= 주어와 동일한 목적어
> [oneself: 재귀대명사 vs 강조 역할]
> 동사 뒤에서 **목적어**로 쓰이면 → 재귀대명사
> 동사 뒤에 다른 목적어가 있다면 → 강조 역할

We can solve this!

She does yoga by herself,[*] thinking she can teach [her / herself]
while watching the video at home.

그녀는 비디오를 보면서 집에서 독학할 수(자기 자신을 가르칠 수) 있다고 생각하며
혼자서 요가를 한다.

주어와 목적어가 동일할 때	재귀대명사 oneself

주어(She)가 자기 자신(목적어)을 가르치는 것이므로 ▶ herself

* by oneself: 혼자서

<13> that vs those

thatOILキ thoseLキ?

★ 팡쌤의 비법공식

> **앞에서 사용된 명사의 반복 사용을 피할 때**
> **→ 대명사 that** (*명사가 복수일 때 : those)

★★ We can solve this!

The window which looks to the north is smaller than
[that / those] which looks to the south.

북쪽을 보는 창문이 남쪽을 보는 창문보다 작다.

> 앞에서 사용된 명사의 반복 사용을 피할 때

> 단수면 that / 복수면 those

the window의 반복 사용을 피하면서 단수인 대명사가 필요하므로 ▶

63

<14> it vs one

it이냐 one이냐?

★ 팡쌤의 비법공식

> 불특정 단수 명사 대신 → 대명사 one
>
> 특정 단수 명사 대신 → 대명사 it

We can solve this!

We didn't own a car, so we rented [it / one].

우리는 차를 소유하지 않았다. 그래서 우리는 차 한 대를 빌렸다.

┌─────────────────────────┐   ┌─────────────────────────────────┐
│ 단수 명사를 대신할 때   │   │ 특정 명사면 it / 불특정 명사면 one │
└─────────────────────────┘   └─────────────────────────────────┘

불특정 명사(a car)를 대신힐 대명사가 필요하므로 ▶ one

65

<15> 부정대명사 one, other, another

other냐 another냐?

★ 팡쌤의 비법공식

> **2개 → 하나는 one, 나머지 하나는 the other**
> **3개 → 하나는 one, 다른 하나는 another, 나머지 하나는 the other**
> **3개 이상 → 일부는 some, 다른 일부는 others,**
> **나머지 전부는 the others**

We can solve this!

When she arrived at the hotel,

she knew she would share a room with [other / another] traveler.

그녀가 호텔에 도착했을 때, 그녀는 다른 여행객과 객실을 공유할 것을 알았다.

> '또 다른 하나'의 의미일 때

> another = an + other

내용상 '다른 여행객'이라는 단수 명사이므로 ▶ another

67

Don't count your chickens
before they are hatched.

부화하기도 전에 병아리부터 세지 마라.

★ 비슷한 한국 속담
'떡 줄 사람은 생각도 없는데 김칫국부터 마신다.'

"영포의
공식집"

Chaper 4
형용사

<16> many vs much

many냐 much냐?

★ 팡쌤의 비법공식

> many + 복수 **명사** (셀 수 있는 **명사**)
> much + 단수 **명사** (셀 수 없는 **명사**)

We can solve this!

Too [many / much] worry about the future risks limiting
your hopeful imagination.

미래에 대한 너무 많은 걱정은 당신의 희망적인 상상력을 제한할 수 있는 위험이 있다.

명사를 셀 수 있는지 없는지 판단하라

many + 복수 명사 / much + 단수 명사

worry는 셀 수 없는 명사이므로 ▶ much

71

<17> (a) few vs (a) little

few냐 little이냐?

★ 팡쌤의 비법공식

> **(a) few + 복수 명사 (셀 수 있는 명사)**
> **(a) little + 단수 명사 (셀 수 없는 명사)**

72

We can solve this!

He had [few / little] knowledge about the university.

그는 그 대학에 대하여 아는 것이 거의 없다.

명사를 셀 수 있는지 없는지 판단하라   few + 복수 명사 / little + 단수 명사

knowledge는 셀 수 없는 명사이므로 ▶ little

<18> all vs every vs each

all이냐 every냐?

★ 팡쌤의 비법공식

> all + 복수 **명사**
> every/each + 단수 **명사**

We can solve this!

Anxiety has a damaging effect on mental performance of [all / every] kinds.

걱정은 모든 종류의 정신 활동에 피해 효과를 미친다.

셀 수 있는 명사일 때

all + 복수 명사 / every + 단수 명사

kinds는 복수 명사이므로 ▶ all

<19> 동사 + 형용사

peaceful이냐 peacefully냐?

★ 팡쌤의 비법공식

보어가 필요한 동사

상태 be, keep, stay, remain, ···
변화 begin, get, grow, ···   **+ 형용사 ○ / 부사 X**
감각 seem, appear, sound, smell, taste, ···

We can solve this!

The duck looks [peaceful / peacefully]
as he gliders along the surface of the pond.

그 오리는 연못의 표면을 따라서 미끄러지듯이 나아갈 때 평화로워 보인다.

동사를 파악하라

보어가 필요한 동사 + 형용사(부사 X)

동사(looks)가 '~하게 보이다'의 의미일 때, 보어가 필요하므로 ▶

77

<20> 동사 + 부사

complete냐 completely냐?

★ 팡쌤의 비법공식

> **[동사, 형용사, 부사, 문장 전체] 수식 → 부사 ○ , 형용사 X**

★ We can solve this!

The global economy depends [complete / completely] on nature
for raw materials..

세계 경제는 원자재를 자연에 전적으로 의존하고 있습니다.

무엇을 수식하는지 확인하라

동사를 수식하면 부사

동사(depends)를 수식하는 것은 부사이므로 ▶ completely

79

<21> 동사 + 목적어 + 형용사

neat냐 neatly냐?

★ 팡쌤의 비법공식

> **동사 [consider, find , keep, leave, make, …]**
> **+ 목적어 + 목적격 보어(형용사 ○ / 부사 X)**

* 목적어의 상태 또는 성질을 설명할 때 목적격 보어로 형용사를 씀

We can solve this!

She keeps her room [neat / neatly].

그녀는 그녀의 방을 깨끗하게 유지한다.

> 목적어의 상태를 설명하는
> 목적격 보어가 필요할 때

> '~를 (형용사)하게 ~하다.' (부사X)

동사(keeps)의 목적어(our room)의 상태를 설명하는 목적격 보어이므로 ▶ neat

<22> 동사 + 목적어 + 부사

easy냐 easily냐?

★ 팡쌤의 비법공식

동사 + 목적어 + 부사 → 동사 수식은 부사 O, 형용사 X

We can solve this!

This teacher explains the math problem [easy / easily].

이 선생님은 어려운 수학 문제를 쉽게 설명한다.

무엇을 수식하는지 확인하라

동사를 수식하면 부사

동사(explains)를 수식하는 것은 부사이므로 ▶ easily

 꼭 알아두어야 할 영어 속담

A loaf of bread is better
than the songs of many birds.

빵 한 덩어리가 많은 새들의 노랫소리보다 낫다.

 ★ 비슷한 한국 속담
'금강산도 식후경'

"영포의
공식집"

Chaper 5
부사

<23> high vs highly

high냐 highly냐?

★ 팡쌤의 비법공식

> ### [형용사+ly]의 형태지만 형용사와 뜻이 달라지는 단어 주의!
> high [높은/높게] / highly [매우]
> late [늦은/늦게] / lately [최근에]
> hard [어려운/열심히] / hardy [거의 ~아니다]
> near [가까운/가까이] / nearly [거의]
> close [가까운/가까이] / closely [자세히, 밀접하게]

We can solve this!

1) The waves were running [high / highly].

파도가 높게 날뛰고 있었다.

2) It is [high / highly] significant.

그것은 매우 중요하다.

---

high와 highly의 뜻	high : 높게(물리적) / highly : 매우, 높게 (비유적)

1) '높게'의 뜻으로 동사(were running)를 꾸며주는 부사이므로 ▶ high
2) '매우'의 뜻으로 형용사(significant)를 꾸며주는 부사이므로 ▶ highly

<24> enough vs too

enough냐 too냐?

★ 팡쌤의 비법공식

enough : 충분한, 충분히(긍정적)	too : 너무 (부정적)
enough + 명사 형용사 (부사) + enough	too + 형용사 (부사)

We can solve this!

1) There was not [enough / too] money available to pay for it.
   그 비용을 지불할 만큼 충분한 돈이 나오지 않았다.

2) Does the playground seem [enough / too] wide to hit a home run?
   운동장이 홈런을 치기에는 너무 넓어 보이나요?

enough와 too를 구분하라

enough + 명사 : (~ 할 만큼) 충분히
too + 형용사 : (~하기에는) 너무

1) 명사 money 앞에서 꾸며주는 것이므로 ▶ enough
2) 형용사 wide 앞에서 꾸며주는 것이므로 ▶ too

89

<25> too vs either

too냐 either냐?

★ 퐝쌤의 비법공식

'~도 또한'의 의미 → 긍정문 다음은 too, 부정문 다음은 either

We can solve this!

I didn't understand the problem, [too / either].

나 역시 그 문제를 이해하지 못했다.

'~도 또한' 의 의미일 때

긍정문 다음은 too / 부정문 다음은 either

부정문(didn't understand) 다음이므로 ▶ either

꼭 알아두어야 할 영어 속담

Pie in the sky
하늘에 있는 파이

★ 비슷한 한국 속담
'그림의 떡'

"영포의
공식집"

Chaper 6
시제

<26> 시제의 종류

- **기본 시제** (과거, 현재, 미래)
- **완료 시제** (과거완료, 현재완료, 미래완료)
- **진행 시제** (과거진행, 현재진행, 미래진행)
- **완료진행 시제** (과거완료진행, 현재완료진행, 미래완료진행)

<27> 현재 시제

- **현재의 동작, 상태** : Jenny wants to be a doctor.
- **습관적인 동작, 직업, 성격** : Alex goes to work on foot.
- **불변의 진리, 사실** : Seoul is the capital of South Korea.
- **속담** : Love will find a way. (사랑은 길을 찾아낸다.)
- **확정된 미래(왕래발착 동사)** : The train departs at 9 o'clock.
    * 왕래발착 동사 : 가고, 오고, 출발하고, 도착한다는 의미의 동사
      ex) go, come, leave, depart, arrive, reach, …
- **시간이나 조건의 부사절** * 28장 참고

<28> 시간이나 조건의 부사절

goes냐 will go냐?

★ 팡쌤의 비법공식

● 시간 부사절 접속사
- when : ~했을 때
- while : ~동안
- before : ~전에
- after : ~한 후
- until : ~할 때까지

● 조건 부사절 접속사
- if : ~한다면
- unless : ~하지 않는다면

→ 시간이나 조건 부사절에서는
  미래의 의미라도 반드시 현재 시제 사용

We can solve this!

We have to distribute food before it [goes / will go] bad.

우리는 음식이 상하기 전에, 그것을 분배해야 한다.

시간이나 조건의 부사절일 때

미래의 의미라도 반드시 현재 시제 사용

before가 이끄는 시간의 부사절로
내용상 미래일지라도 현재 시제를 써야하므로 ▶ goes

97

<29> 과거 시제

- **과거의 동작, 상태** : I went to London a few years ago.
- **과거의 습관** : I used to write a diary when I was young.
- **역사적인 사실** : Columbus discovered America in 1492.

★ 팡쌤의 비법공식

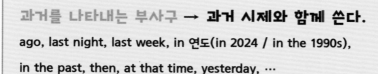

과거를 나타내는 부사구 → **과거 시제와 함께 쓴다.**

ago, last night, last week, in 연도(in 2024 / in the 1990s),

in the past, then, at that time, yesterday, …

<30> 미래 시제

- **미래의 동작, 상태** : We will discuss the matter next Sunday.
- **미래 시제의 형태** : 주어 + will + 동사원형
- **미래 시제의 다른 표현** : be ~ing (~할 것이다)
  be going to 동사원형 (~할 것이다)
  be to 동사원형 (~할 예정이다)
  be about to 동사원형 (막 ~하려던 참이다)

\<31\> 진행 시제

- '~하는 중이다'로 일시적인 동작이나 진행 중인 동작 표현

- be + ~ing : **현재 진행** [am/is/are ~ing]
  과거 진행 [was/were ~ing]
  미래 진행 [will be ~ing]

★ 팡쌤의 비법공식

진행 시제에서 **시제와 수 일치**는 be동사가 표현한다.

진행형을 쓸 수 없는 동사 (지속적인 상태나 소유를 의미하는 경우)

→ See, hear, belong, have(소유), understand, know, believe, resemble, …

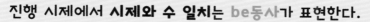

<32> 현재완료 시제

- 과거에 일어난 일이 현재까지 지속되거나 영향을 미칠 때 사용
- have/has + p.p.
- 현재완료 시제의 부정 : 주어 + have/has + not + p.p.
- 현재완료 시제의 의문문 : Have/has + 주어 + p.p.
- 현재완료 시제와 함께 쓰이는 단어
  → never, once, twice, before, for, since, just, yet, already, …

<33> 현재완료 시제의 용법

- **경험 : ~ 한 적이 있다(없다)**
  함께 쓰이는 단어 → ever, never, before, once, twice
- **완료 : ~했다**
  함께 쓰이는 단어 → just, already, yet
- **계속 : 계속 ~해왔다 (과거에서 지금까지)**
  함께 쓰이는 단어 → since, for
- **결과 : 과거의 일어난 일이 현재에 미치는 결과를 표현**

★★ We can solve this!

현재완료의 용법을 파악해 볼까요?

1) Somebody has broken the bike. [   ]
   누군가 그 자전거를 부쉈습니다.

2) I've just started to learn English, so I'm not very good at it yet. [   ]
   저는 영어를 막 배우기 시작해서, 아직 잘 하지 못합니다.

3) There has been no rain here for 3months. [   ]
   여기는 3개월 동안 비가 오지 않았습니다.

4) Jay has never been to Paris before. [   ]
   제이는 파리에 가본 적이 없습니다.

1) 지금도 부서진 상태이므로 ▶ 결과   2) just와 함께 쓰였으므로 ▶ 완료
3) 과거부터 현재까지 계속되므로 ▶ 계속   4) never, before 와 함께 쓰였으므로 ▶ 경험

\<34\> 현재완료 시제 vs 과거 시제

have met이냐 met이냐?

★ 팡쌤의 비법공식

● **현재완료 시제**
→ 현재에 대한 정보 O

● **과거부터 현재까지 연결되는 시제**
→ 명백한 과거를 표현하는 부사와 함께 쓸 수 없음 * 29장 참고

● **과거 시제**
→ 현재에 대한 정보 X

● **정확한 시점을 물어보는** when으로 시작하는 의문문

We can solve this!

Alex and Helen [have met / met] each other last year.

알렉스와 헬렌은 작년에 서로 만났습니다.

명백한 과거를 나타내는 부사가 있을 때

과거 시제 (현재완료 X)

과거를 나타내는 부사구(last year)가 있으므로 ▶ met

<35> 과거완료 시제

- 어떤 동작이나 상태가 '과거에 시작해서 과거 어떤 시점까지 계속되거나 완료된 것'을 표현
- 과거보다 이전에 일어난 사건, 대과거를 표현
- had + p.p.
- **과거완료 시제의 부정** : 주어 + had + not + p.p.
- **과거완료 시제의 의문문** : Had + 주어 + p.p.

<36> 완료 시제 필수 유형

1) I recognized him easily, for I [have met / had met] him before.

나는 그를 쉽게 알아봤는데, 왜냐하면 나는 그를 전에 만난 적이 있었기 때문이다.

> 과거보다 이전의 사건(대과거)을 표현할 때

> 과거완료(had p.p)

내가 그를 알아봤던 과거보다
그를 전에 만났던 것이 더 과거이므로 과거완료 ▶ had met

2) 완료 시제와 과거의 구분

완료 : I have lost my watch. (지금도 잃어버린 상태)
과거 : I lost my watch. (지금 찾았는지 못 찾았는지 모름)

<37> 미래완료 시제

have finished냐 will have finished냐?

★ 팡쌤의 비법공식

> ● **현재완료(have/has p.p.)** : 현재에 영향을 미치는 과거
> ● **과거완료(had p.p.)** : 과거보다 더 과거
> ● 미래완료(will have p.p.) : 미래의 한 시점에 완료

 **We can solve this!**

I [have finished / will have finished] the homework by 5 o'clock.

나는 5시까지 숙제를 끝낼 것이다.

> 과거나 현재에서 시작된 행위나 상태가
> 미래에 완료될 때

미래완료(will have p.p)

과거에 숙제를 시작했고. 5시(미래)에 숙제를 끝낼 것이므로 ▶ will have finished

(You) Live and learn.
살면서 배운다.

 ★ 비슷한 한국 속담
'오래 살고 볼 일이다.'

"영포의
공식집"

Chaper 7

조동사

<38> do(does)

is냐 does냐?

★ 팡쌤의 비법공식

대동사 수 일치와 시제 일치

앞이 be동사 → 뒤도 be동사
앞이 일반동사 → 뒤는 do(does) * 과거면 did
앞이 조동사 → 뒤도 조동사
앞이 완료 → 뒤는 have(has) * 과거완료면 had

We can solve this!

You age, as* [is / does] every living creature.

여러분은 모든 생명체가 그러한 것처럼 늙어간다.

대신할 동사가 일반동사일 때

조동사 do(does)

앞 문장의 동사(age)가 일반동사이고,
주어(every living creature)가 3인칭 단수이므로 ▶ does

*as 뒤에는 주어와 동사의 순서가 바뀌어 있음(도치)

113

<39> should

(should) take냐 had taken이냐?

★ 팡쌤의 비법공식

> **주절의 동사 insist**(주장하다), **demand**(요구하다), **suggest**(제안하다), …
> → that절 동사는 '~해야 한다'(당위)일 때만! "should + 동사원형"

We can solve this!

The man insisted that the accident [take / had taken*] place on the crosswalk.

그 남자는 그 사고가 그 횡단보도 위에서 일어났다고 주장했다.

---

insist가 이끄는 that절의 동사가 '~해야 한다'(당위)일 때만

(should) + 동사원형

'일어나야 한다'(당위)가 아니라 '일어났다'(사실)의 의미이므로 ▶ had taken

* 과거(insisted)보다 더 과거인 과거완료(had taken)

<40> 조동사 + have p.p.

must be냐 must have been이냐?

★ 팡쌤의 비법공식

> **may have p.p.** → ~했을지 모른다 (과거에 대한 약한 추측)
> **must have p.p.** → ~했음에 틀림없다 (과거에 대한 강한 추측)
> **should have p.p.** → ~했어야 했는데 (과거에 대한 후회, 유감)

We can solve this!

She passed by me like I was a stranger to her. She [must be / must have been] still angry with me.

그녀는 마치 내가 낯선 사람인 것처럼 나를 지나쳤다. 그녀는 내게 여전히 화가 나 있던 것이 틀림없다.

> 과거에 대한 강한 추측: ~했음에 틀림없다

> must have p.p.

그녀의 행동을 통한 과거에 대한 강한 추측이므로 ▶ must have been

<41> 조동사의 관용표현

eat냐 eating이냐?

★ 팡쌤의 비법공식

> **would like to 동사원형** → ~하고 싶다
> **would rather A than B** → B보다 오히려 A하고 싶다
> **may as well A as B** → B보다 A하는 것이 낫다
> **cannot help ~ing = cannot (help) but 동사원형** → ~할 수밖에 없다

We can solve this!

He insists that he would rather starve than [eat / eating] ramen.

그는 라면을 먹느니 차라리 굶겠다고 주장한다.

[would rather A than B]: B보다 오히려 A하고 싶다

조동사 뒤엔 동사원형

A와 B는 둘 다 조동사(would rather) 뒤에 오는 동사이므로 ▶ eat

119

<42> used to vs be used to

used to냐 be used to냐?

★ 팡쌤의 비법공식

> **used to 동사원형** → ~하곤 했다 (과거)
> **be used to 동사원형** → ~하는 데 이용되다 (use의 수동형)
> **be used to ~ing** → ~하는 데 익숙하다

We can solve this!

A moving object continues to move
unless some force [used to / is used to] stop it.

움직이는 물체는 어떤 힘이 그것을 멈추는 데 이용되지 않는 한 계속 움직인다.

문맥상 의미를 살펴라

used to + 동사원형 : ~하곤 했다, ~이었다
be used to + 동사원형 : ~하는 데 이용되다

내용상 '이용되지 않는'의 의미이므로 ▶ is used to

121

Easy come, easy go.

쉽게 얻은 것은 쉽게 잃는다.

"영포의
공식집"

Chaper 8
가정법

<43> 가정법 과거 vs 가정법 과거완료

got이냐 had gotten이냐?

★ 팡쌤의 비법공식

> **If 주어 + 과거(-ed), 주어 + would 동사원형**
> → 가정법 과거 '~라면, ...일 텐데.'
>
> **If 주어 + 과거완료(had p.p), 주어 + would have p.p.**
> → 가정법 과거완료 '~했다면, ...이었을 텐데.'
>
> **If 주어 + 과거완료(had p.p.), 주어 + would 동사원형**
> → 혼합가정법 '(과거에)~했다면, ...(현재)이었을 텐데.'
>
> * 예) If she had been honest, she would have made up with him now.
> 그녀가 정직했다면(과거), 지금 그와 화해했을 텐데(현재).

We can solve this!

If she [got / had gotten] good grades, she would have graduated.

만약 그녀가 좋은 성적을 받았더라면, 그녀는 졸업했을 텐데.

주절에 would have p.p.

가정법 과거완료 (과거와 반대되는 가정)

주절에 would have p.p.가 있는 가정법 과거완료이므로 ▶

<44> I wish / as if

called냐 had called냐?

★ 팡쌤의 비법공식

- **I wish 주어 + 과거** → 가정법 과거 '~라면 좋을 텐데.' (현재의 소망)
- **I wish 주어 + 과거완료** → 가정법 과거완료 '~했다면 좋을 텐데.' (과거의 소망)
- ◆ **as if + 주어 + 과거** → 가정법 과거 '마치 ~인 것처럼' (현재의 가상)
- ◆ **as if + 주어 + 과거완료** → 가정법 과거완료 '마치 ~이었던 것처럼' (과거의 가상)
- ▲ **If it were not for ~** → 가정법 과거 '~이 없다면' (현재의 부정)
  * If it were not for ~ = Were it not for ~ = Without ~ = But for ~
- ▲ **If it had not been for ~** → 가정법 과거완료 '~이 없었다면' (과거의 부정)

We can solve this!

1) I wish you [called / had called] me **earlier**, I have just made another plan.

   네가 좀더 일찍 나에게 전화했더라면 좋았을 텐데, 나는 방금 다른 계획을 세웠다.

2) He **gulped** down pizza as if he [has / had] not eaten food in months.

   그는 몇 달 동안 음식을 먹지 않은 것처럼 피자를 꿀꺽 삼켰습니다.

> **과거의 소망:** ~했더라면 좋았을 텐데
> **과거의 가정:** 마치 ~이었던 것처럼

> **I wish 주어 + 과거완료 (가정법 과거완료)**
> **as if 주어 + 과거완료 (가정법 과거완료)**

---

1) 내용상 계획을 세우기(과거) 전에
   더 일찍(earlier) 전화했기(과거완료)를 바라는 상황이므로 ▶ `had called`

2) 그가 피자를 삼킨 시점에서 과거에 대해 가정한 것이므로 가정법 과거완료 ▶ `had`

127

 꼭 알아두어야 할 영어 속담

Out of sight, out of mind.
눈에서 멀어지면 마음에서도 멀어진다.

"영포의
공식집"

Chaper 9
준동사1

<45> 준동사: 부정사, 동명사, 분사

★ 준동사란?

원래 동사였으나, 다른 품사로 전환된 동사!
문장 내에서 동사의 성질은 갖지만, 동사(정동사)는 아님
* 한 개의 문장에는 한 개의 동사(정동사)만 있음

● **부정사** : **to부정사(to + 동사원형) → 명사, 형용사, 부사 역할**
   *원형 부정사? 부정사가 동사원형의 형태로 쓰인 경우
● **동명사** : **~ing → 명사 역할**
● **분사** : **현재분사(~ing), 과거분사(p.p.) → 형용사 역할**

<46> 5형식에서 목적격 보어로 쓰이는 준동사

* 알고 가기: 5형식 문장의 목적격 보어 자리에는 명사, 형용사, 준동사가 올 수 있음

● 목적격 보어 자리에 동사가 올 때
  → **본동사가 원하는 형태**로 사용해야 한다.
● 목적어와 목적격 보어의 관계가 주어와 서술어 관계일 때만 5형식 문장임
● **지각동사나 사역동사**는 목적격 보어로 동사원형을 쓴다.
  * 47장 참고

<47> 목적어와 목적격 보어가 **능동 관계**인 경우

- **지각동사** + 목적어 + 동사원형/~ing
  * 지각동사: see, watch, hear, overhear, listen to, feel, …
    cf) look, sound, smell, taste, feel + 형용사 → 2형식
- **사역동사** + 목적어 + 동사원형
  * 사역동사 ('시키다'의 의미를 가진 동사): have, make, let
- **help** + 목적어 + to부정사/동사원형 cf) help + to부정사 : 3형식
- **keep, imagine, find, notice, observe, smell, leave** + 목적어 + ~ing
- to부정사를 목적격 보어로 취하는 동사
  ask, allow, tell, advise, forbid, get, order, expect, encourage, enable, cause, …

132

<48> 목적어와 목적격 보어가 **수동 관계인 경우**

● 모든 5형식에서
목적어와 목적격 보어가 **수동 관계**일 때는 p.p.(과거분사)가 온다.

* 예) I had my wisdom tooth pulled out yesterday.
  (나는 사랑니를 뺐다.)
  She saw him brought to the hospital.
  (그녀는 그가 병원으로 이송되는 것을 보았다.)

꼭 알아두어야 할 영어 속담

It never rains but it pours.

비가 오기만 하면 퍼붓는다.

★ 비슷한 한국 속담

'설상가상이다. (안 좋은 일은 연달아 일어난다.)'

134

"영포의
공식집"

Chaper 10
준동사2 동명사

<49> 목적어로 **동명사**가 오는 동사

leaving이냐 to leave냐?

★ 팡쌤의 비법공식

finish, enjoy
mind, avoid   +   동명사(~ing)
quit, keep, …

* 부록 참고 (암기는 필수!)

We can solve this!

You should avoid [leaving / to leave] in the rush hour.

너는 혼잡 시간대(러시아워)에 출발하는 것을 피해야 한다.

동사를 확인해라

목적어 자리에 동명사만 올 수 있는 동사

동사(avoid)의 목적어는 동명사이므로 ▶ leaving

<50> 전치사 + 동명사(~ing)

being이냐 to be냐?

★ 팡쌤의 비법공식

> **전치사 + 동명사(~ing)**

* 전치사의 목적어는 명사

138

We can solve this!

Bottles can reveal their contents without [being / to be] opened.

병은 열리지 않아도 그 내용물을 보여줄 수 있다.

 전치사 뒤에 동사가 올 때

전치사 + 동명사(~ing)

전치사(without)의 목적어이므로 ▶ being

139

<51> 전치사 to + 동명사(~ing)

contribute to : ~에 기여하다
look forward to : ~을 고대하다
object to : ~에 반대하다
devoted(committed) to : ~에 헌신하다   +   동명사(~ing)
in addition to : ~에 덧붙여
when it comes to : ~에 있어서
with a view to : ~할 목적으로

We can solve this!

He **objected to** [being / be] treated like a subordinate
and made a legitimate request.

그는 부하처럼 대우받는 것을 반대했고 정당한 요청을 했다.

> object to : ~에 반대하다

> object to + 동명사(~ing)

object to의 to는 전치사이므로 ▶ being

<52> 동명사의 관용표현

spend + 돈 + ~ing	**spend + 시간 + ~ing**
~하는 데 돈을 쓰다	~하는 데 시간을 보내다
be good at + ~ing	**look forward to + ~ing**
~를 잘하다	~를 학수고대하다
How about + ~ing	**be busy + ~ing**
~하는 게 어때?	~하느라 바쁘다
feel like + ~ing	**go + ~ing**
~하고 싶다	~하러 가다
be used to + ~ing	**be afraid of + ~ing**
~하는 데 익숙해지다	~하는 것을 두려워하다

We can solve this!

People would be worth [paying / to pay] any amount
if they could stop the war.

전쟁을 멈출 수 있다면, 사람들은 어떤 비용이라도 지불할 가치가 있다.

동명사의 관용표현 : '~의(~할) 가치가 있다'

be worth + 동명사(~ing)

[be worth + ~ing] 구문이므로 ▶ paying

<53> 명사 vs 동명사

conquest냐 conquering이냐?

★ 팡쌤의 비법공식

> ## 동명사 = 동사 + 명사
> 명사와 동사의 역할을 동시에 한다.

We can solve this!

The thought of [conquest/ conquering] the mountain stirs me with anticipation.

그 산을 정복한다는 생각이 나를 기대감으로 자극한다.

동명사 = 동사 + 명사

명사와 동사의 역할을 동시에 하려면 동명사

명사(전치사 of의 목적어)와
동사(목적어 the mountain의 동사)의 역할을 동시에 하므로 ▶

145

The squeaky wheel gets the grease.
삐걱대는 바퀴에 기름칠한다.

★ 비슷한 한국 속담
'우는 아이 젖 준다.'

"영포의
공식집"

 Chaper 11

준동사3 부정사

<54> 목적어로 to부정사가 오는 동사

to take냐 taking이냐?

★ 팡쌤의 비법공식

> **hope, want**
> **ask, expect, decide**   +   to부정사
> **refuse(=reject), …**

* 부록 참고 (암기는 필수!)

We can solve this!

She decided [to take / taking] responsibility for raising the baby alone.

그녀는 혼자서 그 아기를 기르는 책임을 지겠다고 결심했다.

동사를 확인해라

목적어 자리에 to부정사만 올 수 있는 동사

동사(decide)의 목적어는 to부정사이므로 ▶ to take

149

<55> 목적어로 to부정사가 올 때와 동명사가 올 때 뜻이 달라지는 동사

to visit이냐 visiting이냐?

★ 팡쌤의 비법공식

> **forget + to부정사 : ~할 것을 잊다 (미래)**
> **forget + 동명사(~ing) : ~한 것을 잊다 (과거)**

* 부록 참고 (암기는 필수!)

We can solve this!

I will never forget [to visit / visiting] London for the first time.

나는 처음으로 런던을 방문했던 것을 결코 잊지 못할 것이다.

forget 뒤에 오는 내용의 시제를 확인하라

미래면 to부정사 / 과거면 동명사

내용상 과거에 방문했던 것이므로 ▶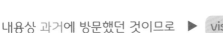

<56> to부정사: 형용사적 용법

to attend냐 attending이냐?

★ 팡쌤의 비법공식

> ● **명사 + to부정사** : ~할, ~해야 할
> ● **최상급·서수 + to부정사**
> ● **명사 [ability(능력), decision(결정), failure(실패), way(방법), time(때), willingness(의향), request(요청)] + to부정사**
> ● **be + to부정사** : ~할 예정이다. ~해야 한다

We can solve this!

There are a lot of things [to attend / attending] to before I move out.

내가 이사를 가기 전에 신경 써야 할 일이 많다.

명사를 확인해라

명사가 목적어면 to부정사 / 명사가 주어면 동명사

things가 attend to의 목적어이고 내용상 '~할'에 해당하므로 ▶

\<57\> to부정사: 부사적 용법

to get이냐 got이냐?

★ 팡쌤의 비법공식

- **목적** : ~하기 위해, ~하려고
- **감정의 원인 [감정 형용사 + to부정사]** : ~해서 (감정이...하다)
- **판단의 근거** : ~하다니 (똑똑하구나, 멍청하구나 등)
- **결과** : (시간이 지나서) ~가 되다
- **형용사 수식** : ~하기에 (형용사)인

We can solve this!

I <u>ran</u> toward the singer [to get / got] his autograph.

나는 사인을 받기 위해 그 가수를 향해 달려갔다.

> '~하기 위해'로 해석될 때

> <u>to부정사의 부사적 용법 중 '목적'</u>

내용상 '~하기 위해'로 해석되고
문장의 동사(ran)가 있어 다른 동사(got)는 올 수 없으므로 ▶

cf) She was disappointed not to be accepted into the club.
   그녀는 그 클럽에 가입되지 않아서 실망했다. (원인)

\<58\> to부정사: 명사적 용법

- 주어 : **To be diligent** is rewarding.
  부지런한 것은 보답을 받는다.
- 목적어 : She refused **to sign** the document.
  그녀는 그 서류에 **서명하는 것을** 거부했다.
- 보어 : Our wish is **(to) have peace** on earth.
  우리의 소원은 이 세상에 **평화를 갖는 것**이다.
- **명사구(의문사 + to부정사)** : Tell me **where to go**.
  어디로 가야 할지를 말해 주세요.

156

<59> to부정사의 관용표현

too + 형용사 + to부정사	형용사 + enough + to부정사
너무 형용사해서 ~하지 못하다	~할 만큼 충분히 형용사하다
seem + to부정사	be supposed + to부정사
~하는 것 같다	~하기로 되어 있다
be about + to부정사	be sure + to부정사
막 ~하려는 참이다	확실히 ~하다
be likely + to부정사	be willing + to부정사
~할 것 같다	기꺼이 ~하다

Old habits die hard.
오래된 버릇은 고치기 어렵다.

★ 비슷한 한국 속담
'세 살 버릇 여든까지 간다.'

"영포의
공식집"

Chaper 12

준동사4 분사

<60> 명사 수식

using이냐 used냐?

★ 팡쌤의 비법공식

> **명사를 수식하는 분사**
> 현재분사 → **능동(~하는)** : ~ing + 명사 / 명사 + ~ing + 부사(구)
> 과거분사 → **수동(~된)** : p.p. + 명사 / 명사 + p.p. + 부사(구)

★★ We can solve this!

Individuals [using / used] the Internet do so mainly

for communication purposes or to find information about goods and prices.

인터넷을 사용하는 개인들은 주로 통신 목적으로 또는 상품과 가격에 대한 정보를 찾기 위해 그렇게 한다.

명사를 수식할 때

능동(~하는)이면 현재분사 / 수동(~된)이면 과거분사

주어인 명사(Individuals)를 수식하는 분사이고 둘 사이의 관계가 능동이므로 ▶ using

<61> 동사 + 분사

Surrounding이냐 Surrounded냐?

★ 팡쌤의 비법공식

> **주어 + 동사 + 현재분사 (주어와 능동 관계)**
> **주어 + 동사 + 과거분사 (주어와 수동 관계)**

We can solve this!

His mother sat [surrounding / surrounded] by her sons.

그의 어머니는 아들들에게 둘러싸여 앉아 있었다.

> 주어와의 관계를 확인하라

> 능동 관계면 현재분사 / 수동 관계면 과거분사

주어(His mother)와 분사가 수동 관계(둘러싸인)이므로 ▶ surrounded

163

<62> 동사 + 목적어 + 분사

understanding이냐 understood냐?

★ 팡쌤의 비법공식

> **동사 + 목적어 + 현재분사 (목적어와 능동 관계)**
> **동사 + 목적어 + 과거분사 (목적어와 수동 관계)**

We can solve this!

Never raise your voice in order to make yourself [understanding / understood].

네 자신을 이해받도록 만들기 위해 결코 목소리를 높이지 마라.

목적어와의 관계를 확인하라

능동 관계면 현재분사 / 수동 관계면 과거분사

목적어(yourself)와 분사가 수동 관계(이해받도록)이므로 ▶ understood

<63> 감정 형용사

amazing이냐 amazed냐?

★ 팡쌤의 비법공식

> **감정 형용사 : 감정 동사의 분사**
> **-감정 동사의 현재분사 → 감정의 원인 (~하게 한)**
> **-감정 동사의 과거분사 → 감정을 느낀 (~한)**
> 감정 동사: amaze, excite, satisfy, surprise, tire, bore, interest, …

* 부록 참고 (암기 필수!)

We can solve this!

He was an [amazing / amazed] singer.

He was loved by people all over the world.

그는 놀라운(놀라게 한) 가수였다. 그는 전 세계인의 사랑을 받았다.

'감정의 원인'인지 '감정'인지 구별하라	'~하게 한'이면 현재분사 / '~한'이면 과거분사

가수(singer)가 놀란 것이 아니라 다른 사람들을 놀라게 한 내용이므로 ▶

167

꼭 알아두어야 할 영어 속담

Birds of a feather flock together.
깃털이 같은 새들끼리 모인다.

★ 비슷한 한국 속담
'유유상종이다. (끼리끼리 모인다.)'

"영포의
공식집"

Chaper 13
수동태

<64> 능동태 vs 수동태

keep이냐 be kept냐?

★ 팡쌤의 비법공식

> **주어와 동사가 수동 관계일 때**
> **→ 동사는 수동태 : be + p.p.**

We can solve this!

This Chocolate should [keep / be kept] in the refrigerator.

이 초콜릿은 냉장고에 보관되어야 한다.

능동태 : ~하다
수동태 : ~되다

---

be + p.p.(과거분사)

주어(This Chocolate)와 동사(keep)가 수동 관계이므로 ▶

171

<65> 수동태의 시제

have encouraged냐 have been encouraged냐?

★ 팡쌤의 비법공식

- **단순 시제 수동태** → **be p.p.**
  현재 수동태 : am(are, is) p.p.
  과거 수동태 : was(were) p.p.
  미래 수동태 : will be p.p.
- **진행 시제 수동태** → **be being p.p.**
- **완료 시제 수동태** → **have been p.p.**
  현재완료 수동태 : have(has) been p.p.
  과거완료 수동태 : had been p.p.
  미래완료 수동태 : will have been p.p.
- **완료진행 시제 수동태** → **have been being p.p.**

We can solve this!

1) Education experts [have encouraged / have been encouraged]

   reading and diary writing.

   교육 전문가들은 독서와 일기 쓰기를 장려해왔다.

2) He [will elect / will be elected] as the representative of our class.

   그는 우리 반의 대표로 선출될 것이다.

> 현재완료(have+p.p.) + 수동태(be p.p.)
> 미래(will) + 수동태(be p.p.)

> have(has) been p.p.
> will be p.p.

1) 주어와 동사가 능동 관계이고 시제는 현재완료이므로 ▶ have encouraged
2) 주어와 동사가 수동 관계이고 시제는 미래이므로 ▶ will be elected

173

<66> 수동 불가 동사

appeared냐 was appeared냐?

★ 팡쌤의 비법공식

- 목적어를 갖지 않는 **자동사**
  appear(나타나다), disappear(사라지다), look(보이다), seem(~인 듯하다),
  happen(발생하다), belong to(~에 속하다), consist of(~로 구성되다), …
  * 단, 동사구가 목적어를 취하는 경우 수동태 가능
    listen to(~을 듣다), look for(~을 찾다), take care of(~을 돌보다), …
- 소유, 상태를 나타내는 **타동사**
  have(~을 가지다). resemble(~와 닮다), lack(부족하다), …

We can solve this!

When the man [appeared / was appeared], Ben fell in surprise.

그 남자가 나타났을 때, 벤은 깜짝 놀랐다.

주어와 능동 관계, 목적어 없음

수동태 불가능

'나타나다'라는 의미로 목적어가 없어서 수동태가 불가능하므로 ▶ appeared

 꼭 알아두어야 할 영어 속담

Two heads are better than one.
두 사람의 머리가 한 사람 머리보다 낫다.

 ★ 비슷한 한국 속담
'백짓장도 맞들면 낫다.'

"영포의
공식집"

Chaper 14
준동사 심화

<67> 준동사의 수동형

to rescue냐 to be rescued냐?

★ 팡쌤의 비법공식

- **to부정사의 수동형** → to be p.p.
- **동명사의 수동형** → being p.p.
- **수동태의 현재분사형** → being p.p.

We can solve this!

They expect [to rescue / to be rescued] by rescue workers.

그들은 구조대원에 의해 구조되기를 기대하고 있다.

to부정사와 의미상의 주어가 수동 관계

to be p.p.

to부정사와 주어가 수동 관계이므로 ▶ 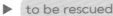 to be rescued

179

<68> 준동사의 완료형

to originate냐 to have originated냐?

★ 팡쌤의 비법공식

> ● **완료 부정사** → to have p.p.
> ● **완료 동명사** → having p.p.   '기준 동사보다 과거' **표현**
> ● **완료 분사** → having p.p.

We can solve this!

The custom is believed [to originated / to have originated] in Greek mythology.

그 관습은 그리스 신화에서 유래되었다고 믿어진다.

완료 부정사 : 기준 동사보다 과거 표현   to have p.p.

동사(is believed : 현재)보다 originate가 더 과거이므로 ▶ to have originated

181

<69> 준동사의 의미상의 주어

he냐 his냐?

★ 팡쌤의 비법공식

> ● 동명사의 의미상의 주어 → 소유격이 원칙, 목적격도 가능
> ● to부정사의 의미상의 주어 → for + 목적격
>
> * It is + 사람의 성격 형용사 + of + 목적격 + to부정사
> 성격 형용사 : careful, clever, cruel, foolish, generous, kind,
>   nice, polite, rude, silly, stupid, wise, …

We can solve this!

I can't stand [he / his] **singing** while driving.

나는 그가 운전하면서 노래하는 것을 참을 수 없다.

동명사의 의미상의 주어

소유격이 원칙 (목적격 가능)

동명사(singing)의 의미상의 주어는 소유격이므로 ▶ his

Look before you leap.
잘 보고 뛰어라.

★ 비슷한 한국 속담
'돌다리도 두드려 보고 건너라.'

"영포의
공식집"

Chaper 15
문장의 형식

<70> 자동사 vs 타동사

arose냐 aroused냐?

★ 팡쌤의 비법공식

자동사		타동사	
arise	발생하다	**arouse**	~을 불러일으키다
lie	눕다, 있다	**lay**	~을 놓다
sit	앉다	**seat**	~을 앉히다
rise	올라가다	**raise**	~을 올리다
wait	기다리다	**await**	~을 기다리다

We can solve this!

Long before the first Europeans arrived, a great civilization [arose / aroused] in present-day Central America and southern Mexico.

최초의 유럽인들이 도착하기 오래 전, 거대한 문명이 현재의 중앙 아메리카와 남부 멕시코에서 발생했다.

* arose : arise의 과거형

동사를 구분하라

자동사는 목적어가 없음 / 타동사는 목적어가 있음

내용상 arouse(~를 불러일으키다)가 아니라 arise(발생하다)가 어울리고,
동사 다음에 목적어가 없어서 타동사는 불가능하므로 ▶ arose

187

<71> 3형식 동사와 전치사

★ 팡쌤의 비법공식

동사가 문장의 형식을 결정한다.
- **stop + A + from ~ing** : A가 ~하지 못하게 막다
- **refer to A as B** = call A B : A를 B라고 부르다
- **explain A to B** = explain to B A : A를 B에게 설명하다
- **타동사 + 대명사(목적어) + 부사 O** / 타동사 + 부사 + 대명사(목적어) X
  → put off와 같은 **이어동사(타동사 + 부사)의 목적어가 대명사일 때**
  목적어는 타동사와 부사 사이에 위치
  예) put it off (O) / put off it (X)

We can solve this!

The doctor should stop the patient from [?].

의사는 환자가 담배를 피지 못하게 막아야 한다.

A가 ~하지 못하게 막다

stop + 목적어 + from + ~ing

[stop + 목적어 + from ~ing] 구문이므로 ▶ smoking

* 전치사 뒤에는 명사 또는 동명사 형태가 와야 함

189

<72> 5형식 동사와 to부정사

falling이냐 to fall이냐?

★ 팡쌤의 비법공식

> 5형식(주어 + 동사 + 목적어 + 목적격 보어)에서
> 동사가 [cause, force, enable, require, lead, …]일 때
> → 목적격 보어는 to부정사

We can solve this!

The vibration caused him [falling / to fall] on the street.

그 진동이 그를 거리에서 넘어지게 했다.

주어가 목적어를 ~하게 하다

주어 + cause + 목적어 + to부정사

동사(cause)의 목적격 보어는 to부정사이므로 ▶ to fall

<73> 지각동사

Sing이냐 to Sing이냐?

★ 팡쌤의 비법공식

> **지각동사** [see, watch, notice, hear, smell, feel, touch, taste, sound, …]
>
> **지각동사의 목적격 보어**
>
> 지각동사 + 목적어 + 동사원형(원형부정사) → 목적어와 목적격 보어는 능동 관계
>
> ~ing(현재분사) → 목적어와 목적격 보어는 능동 관계
> (진행의 의미 강조)
>
> p.p.(과거분사) → 목적어와 목적격 보어는 수동 관계

We can solve this!

I can hear her [sing / to sing] any time.

나는 그녀가 노래하는 것을 언제든지 들을 수 있다.

목적어가 ~하는 것을 듣다

지각동사 + 목적어 + 동사원형(원형부정사)

지각동사(hear)의 목적격 보어는 원형부정사이므로 ▶ sing

<74> 사역동사

be냐 to be냐?

★ 팡쌤의 비법공식

> **사역동사** [make, have, let : '시키다'의 의미를 가진 동사]
>
> **사역동사의 목적격 보어**
> 사역동사 + 목적어 + 동사원형(원형부정사) → 목적어와 목적격 보어는 능동 관계
> 　　　　　　　　　　　　 p.p.(과거분사) → 목적어와 목적격 보어는 수동 관계

We can solve this!

You can ask for help by letting your wants and needs [be / to be] known.

당신은 당신이 원하는 것과 필요한 것을 알려지게 함으로써 도움을 요청할 수 있다.

> 목적어가 ~하도록 하다(시키다)

> 사역동사 + 목적어 + 동사원형(원형부정사)

사역동사(let)의 목적격 보어는 동사원형이므로 ▶ be

\<75\> help

finishing이냐 to finish냐?

★ 팡쌤의 비법공식

> help + 목적어 + to부정사/동사원형 → 목적어가 ~하는 것을 돕다
> help + to부정사/동사원형 → ~하는 것을 돕다

We can solve this!

The time extension helped us [finishing / to finish] the exam.

시간 연장은 우리들이 그 시험을 끝내는 데 도움을 줬다.

주어는 목적어가 ~하는 것을 돕다

주어 + help + 목적어 + to부정사/동사원형

help의 목적격 보어는 to부정사 또는 동사원형이므로 ▶

to fishing

<76> 3·4형식 동사의 수동태

gave냐 was given이냐?

★ 팡쌤의 비법공식

● give(4형식 동사) + 간접 목적어 A + 직접 목적어 B (A에게 B를 주다)
  → A **be given** B (A는 B를 받다)
● regard(3형식 동사) A as B (A를 B로 간주하다)
  → A **be regarded** as B (A는 B라고 간주되다)

We can solve this!

He [gave / was given] time off work to take care of some personal business.

그는 개인적인 일을 처리하기 위해 휴가를 받았다.

주어가 목적어를 받다 ▸ 주어(간접목적어) + be given + 목적어(직접목적어)

주어(He)와 동사(give)가 수동 관계이므로 ▶ was given

<77> 5형식 동사의 수동태

speak냐 to speak냐?

★ 팡쌤의 비법공식

> ● call(5형식 동사) + 목적어 A + 목적격 보어 B (A를 B라고 부른다)
>   → A **be called** B (A는 B라고 불린다)
> ● consider(5형식 동사) 목적어 A + to부정사 (A가 ~한다고 생각하다)
>   → A **be considered** to부정사 (A는 ~한다고 생각된다)
> ● 사역동사/지각동사 + 목적어 A + 동사원형
>   → A **be p.p.** + to부정사   * 목적격 보어가 분사일 때는 그대로 둠

We can solve this!

She made Tom speak his mind without being nervous in public.

→ Tom was made [speak / to speak] his mind without being nervous in public by her.

톰은 그녀에 의해서 사람들 앞에서 긴장하지 않고 자신의 생각을 말하게 되었다.

[사역동사 + 목적어 + 동사원형]을 수동태로 바꿀 때

be + p.p. + to부정사

사역동사의 목적격 보어가 동사원형일 경우
수동태로 바꾸면 to부정사로 바꿔야 하므로 ▶ to speak

꼭 알아두어야 할 영어 속담

Ignorance is bliss.
무지는 복이다.

★ 비슷한 한국 속담
'모르는 게 약이다.'

"영포의
공식집"

Chaper 16
등위 접속사

<78> 병렬 / 공통

learning이냐 to learn이냐?

★ 팡쌤의 비법공식

> 등위 접속사 and[or, but, so]
> → 역할이 같은 단어·구·절을 병렬 연결

* 등위 접속사의 앞과 뒤의 형태는 동일

We can solve this!

I spent a long time learning soccer, but none [learning / to learn] how to teach it.

나는 축구를 배우는 데 오랜 시간을 보냈지만,
축구를 가르치는 방법은 배우는 데는 시간을 전혀 쓰지 않았다.

> 등위 접속사 but

> 앞과 뒤의 형태가 동일

등위 접속사(but) 앞에 동명사(learning)가 있으므로 ▶ learning

<79> 상관 접속사

* 상관 접속사 : 반드시 짝을 이루어 함께 쓰여야 하는 접속사 (녹색에 수 일치)

both A and B	A와 B 둘 다 (복수)
either A or B	A와 B 둘 중 하나
neither A nor B	A도 아니고 B도 아닌
whether A or B	A인지 B인지
not A but B	A가 아니라 B
not only[just, merely] A but also B = B as well as A	A뿐만 아니라 B도

★★★ We can solve this!

1) **Both** Mike and his sister [was / were] not there.

   Mike와 그의 여동생 둘 다 거기에 없었다.

   [Both A and B] 구문으로 주어(Mike and his sister)가 복수이므로 ▶ were

2) The answer lies **not** here in our time [and / but] thousands of years ago.

   그 해답은 여기 우리 시대에 있는 것이 아니라 수천 년 전에 있다.

   [not A but B] 구문이므로 ▶ but

3) It seems that neither you nor **he** [is / are] responsible for the accident.

   당신도 그도 그 사건에 대해 책임이 없어 보인다.

   [neither A nor B]에서 동사의 수는 B에 일치하므로 ▶ is

꼭 알아두어야 할 영어 속담

No pain, no gain.
고생 없이는 얻는 것도 없다.

★ 비슷한 한국 속담
'고생 끝에 낙이 온다.'

"영포의
공식집"

Chaper 17
명사절

<80> that vs what

that이냐 what이냐?

★ 팡쌤의 비법공식

| 명사절 | 접속사 **that** + 완전 문장 | → ~라는 것 [내용] |
| | 관계대명사 **what** + 불완전 문장 | → ~것 [사물] |

＊ 완전 문장 : 문장의 요소(주어, 동사, 목적어, 보어)가 갖춰진 문장
단, 목적어와 보어는 동사의 종류에 따라 필요함

We can solve this!

It is unlikely [that / what] either of those ways will work.

그 방법들 중 어느 것도 효과가 있을 것 같지 않다.

접속사가 이끄는 명사절을 확인하라

완전 문장이면 that / 불완전 문장이면 what

완전 문장(either of those ways will work = 주어+ 동사)을 이끄는 접속사 ▶ that

<81> that vs whether

that이냐 whether냐?

★ 팡쌤의 비법공식

명사절	**that** + 사실, 주장	→ ~라는 것
	whether + 불확실 의문	→ ~인지 아닌지
	if	

* 명사절(주어절, 보어절, 목적어절) 뒤에 or not이 있으면 if 불가능

We can solve this!

They have to decide [that / whether] they should add something to the dish or leave it as it is.

그들은 음식에 무언가를 추가해야 할지 아니면 그대로 두어야 할지 결정해야 한다.

접속사가 이끄는 명사절 확인하라

사실, 주장(~라는 것)이면 that
불확실. 의문(~인지 아닌지)이면 whether

명사절을 이끄는 접속사로서 불확정의 내용(~할지)이므로 ▶ whether

213

<82> that vs which

that이냐 which냐?

★ 팡쌤의 비법공식

명사	동격의 접속사 that
fact(사실), evidence(증거), idea(생각)	+ 완전 문장
proof(증거), news(뉴스), notion(관념)	
possibility(가능성), likelihood(가능성)	관계대명사 which
report(보도), rumor(소문), …	+ 불완전 문장

We can solve this!

They owe their success to the fact [that / which] their concentration is good.

그들은 자신들의 성공을 그들의 집중력이 좋다는 사실 때문이라고 생각한다.

명사와 뒷 문장의 관계를 살펴라

명사와 동격이면 that + 완전 문장
명사를 수식하면 which + 불완전 문장

명사(the fact)와 동일한 내용에 해당하는 문장의 접속사이므로 ▶ that

<83> what vs how

what이냐 how냐?

★ 팡쌤의 비법공식

> 의문 대명사 what : 무엇　　* cf) 의문 형용사 what + 명사 : 어떤 ~
> 의문 부사 how : 어떻게(방법), 어떠한(상태), 얼마나(정도)

We can solve this!

Succes in life based on [what / how] successfully we form relationships.

인생에서의 성공이란 우리가 얼마나 성공적으로 관계를 형성하느냐에 달려 있다.

> 의문사의 의미를 확인하라

> what : 무엇 / how : 얼마나, 어떻게, 어떠한

우리가 관계를 '얼마나' 성공적으로 형성하는지에 관한 내용이므로 ▶ how

꼭 알아두어야 할 영어 속담

The foot of the candle is dark.
촛불 아래는 어둡다.

★ 비슷한 한국 속담
'등잔 밑이 어둡다.'

"영포의
공식집"

Chaper 18
형용사절 관계사 ★★★★

<84> who vs which

which냐 that이냐?

★ 팡쌤의 비법공식

사람 선행사 + who 사물 선행사 + which	제한적 용법 → that 사용 가능
전체 or 일부 내용, which	계속적 용법 → that 사용 불가

We can solve this!

I put the maple syrup in my tea, [which / that] made it better.

나는 차에 메이플 시럽을 넣었는데, 더 맛이 좋아졌다.

앞 문장 뒤에 '콤마'가 있는 계속적 용법일 때

that 사용 불가

계속적 용법에서 that은 사용할 수 없으므로 ▶ which

<85> whose

who냐 whose냐?

★ 팡쌤의 비법공식

> **소유격 관계대명사 :** whose + 명사 + (주어) + 동사
> **주격 관계대명사 :** who[which] + 동사
> **목적격 관계대명사 :** who(m)[which] + 주어 + 동사

* 관계대명사의 생략 가능 : 목적격 관계대명사 / 주격 관계대명사 + be동사 (114장 참고)

We can solve this!

Once upon a time, there was a princess [who / whose] name was Snow White.

옛날 옛적에, 이름이 백설공주였던 공주가 있었습니다.

관계사절에서
선행사의 역할을 확인하라

소유격 관계대명사 whose + 명사 + (주어) + 동사

선행사(a princess)를 받는 관계대명사가
관계사절에서 명사(name)를 꾸며주는 소유격이므로 ▶ whose

223

<86> which vs in which

which냐 during which냐?

★ 팡쌤의 비법공식

선행사 + 전치사 + 관계대명사 + 완전 문장
선행사 + 관계대명사 + 불완전 문장

선행사 + 전치사 + 관계대명사 that
전치사 + 접속사 that → 불가능

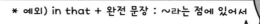

* 예외) in that + 완전 문장 : ~라는 점에 있어서

224

We can solve this!

She had a summer vacation, [which / during which] she spent several weeks in Busan.

그녀는 여름 휴가를 가졌고, 그 기간 동안 부산에서 몇 주를 보냈다.

> 관계대명사 뒤에 오는 문장을 확인하라

> 선행사 + 전치사 관계대명사 + 완전 문장

선행사(a summer vacation)를 받는 관계대명사 뒤에 완전한 문장이 오고
내용상 which 앞에 전치사 during이 필요하므로 ▶ **during which**

<87> which[that] vs what

which냐 what이냐?

★ 팡쌤의 비법공식

> **명사 + (전치사) + which** : which절은 명사(선행사)를 수식하는 형용사절
> **관계대명사 what** : 명사절(~하는 것)로서 선행사 없음

We can solve this!

Although I expected something different, I was still surprised by
[which / what] she said.

나는 다른 무엇을 예상했음에도 불구하고 그녀가 말한 것에 놀랐다.

> 선행사가 있는지 확인하라

> 없으면 명사절 what / 있으면 형용사절 which

전치사(by)의 목적어(명사절)이고 선행사가 없으므로 ▶ what

<88> which vs where

which냐 where이냐?

★ 팡쌤의 비법공식

> **선행사 + 관계부사 + 완전 문장**   * cf) 선행사 + 관계대명사 + 불완전 문장
> - **장소** + 관계부사 **where** + 완전 문장
> - **시간** + 관계부사 **when** + 완전 문장
> - **이유**(the reason) + 관계부사 **why** + 완전 문장
> - **방법**(the way) + 관계부사 **how** + 완전 문장
>   * the way와 how는 함께 쓸 수 없으니 둘 중 하나만 써야 함.

We can solve this!

A doctor named Kevin was assigned to a national hospital,
[which / where] he treated 81 patients for a year.

케빈이라는 의사가 국립병원에 배치됐고, 거기에서 1년 동안 81명의 환자들을 치료했다.

관계사 뒤에 오는 절을 확인하라

관계부사 + 완전 문장
─────────────
관계대명사 + 불완전 문장

선행사(a national hospital)를 받는 관계사 뒤에 오는 것이 완전 문장이므로 ▶ where

<89> all of which vs all of them

them이냐 which냐?

★ 팡쌤의 비법공식

> **대명사 ≠ 관계대명사 = 관계(접속사) + 대명사**

We can solve this!

These books, all of [them / which] are available in our library,

contain a wealth of information about oriental painting.

이 책들은, 그것들 전부가 우리 도서관에서 이용 가능한데, 동양화에 관한 풍부한 정보를 담고 있다.

> 대명사와 접속사가 모두 필요할 때

> 관계대명사 = 관계(접속사) + 대명사

these books를 대신하는 대명사 역할과
문장과 문장을 연결하는 접속사 역할을 동시에 해야 하므로 ▶ which

231

꼭 알아두어야 할 영어 속담

There may be blue and better blue.
파란색과 더 나은 파란색이 있을 수 있다.

★ 비슷한 한국 속담
'뛰는 놈 위에 나는 놈 있다.'

"영포의
공식집"

Chaper 19
부사절

<90> because vs because of

because냐 because of냐?

★ 팡쌤의 비법공식

~ 때문에	because + 주어 + 동사 because of + 명사(구)
~ 에도 불구하고	thought[although, even though] + 주어 + 동사 despite[in spite of] + 명사(구)
~ 동안	while + 주어 + 동사 during + 명사(구)

We can solve this!

That's [because / because of] what a man may need may not be necessary for a woman.

그것은 남자에게 필요할 수 있는 것이 여자에게 필요하지 않을 수 있기 때문이다.

뒤에 오는 것이 절인지 구인지 확인하라

because + 주어 + 동사
because of + 명사(구)

뒤에 주어(what a man may need)와
동사(may not be necessary)가 있는 절이므로 ▶ because

235

<91> 주의할 접속사

If냐 Unless냐?

★ 팡쌤의 비법공식

이유 + that's why + **결과** (그래서 ~이다)
≠ **결과** + that's because + **이유** (그것은 ~때문이다)
unless (만약 ~가 아니라면) = if ... not

We can solve this!

[If / Unless] you study hard, you can't enter the university you want.

열심히 공부하지 않으면, 원하는 대학에 들어갈 수 없다.

'만약 ~가 아니라면' (부정적 의미 포함)

Unless (= If ... not)

내용상 '공부하지 않으면 들어갈 수 없다.'는 의미이므로 ▶ Unless

<92> whatever vs however

However냐 Whatever냐?

★ 팡쌤의 비법공식

> **복합관계사는 선행사를 포함하므로 형용사절이 아니라 부사절**
> **whoever** + (주어) + 동사 : 누구든지
> **whatever** + (주어) + 동사 : 무엇이든지
> **however** + (주어) + 동사 : 아무리 ~일지라도

We can solve this!

[However / Whatever] much it costs, I will buy it.

그것이 아무리 많은 비용이 들지라도 나는 그것을 살 것이다.

> 의미를 확인하라

> however : 아무리 ~일지라도 / whatever : 무엇이든지

much와 어울려 '아무리 많은 비용이 들지라도'의 의미이므로 ▶ However

<93> so vs such

So냐 Such냐?

★ 팡쌤의 비법공식

> 매우 ~해서 ~하다(결과) / ...할 정도로 매우 ~한(정도)
> → so + 형용사[부사] + that...
> such + (a) + 형용사 + 명사 + that...
> (= so + 형용사 + (a) + 명사 + that...)

★★★ We can solve this!

You have [so / such] a pretty smile.

너는 정말 예쁜 미소를 가지고 있다.

명사가 있는지 확인해라

so + 형용사[부사] + that...
such + (a) + 형용사 + 명사 + that...

[such + (a) + 형용사 + 명사 + that] 구문이므로 ▶ such

\<94\> 주의할 전치사

Beside냐 Besides냐?

★ 팡쌤의 비법공식

> **beside** : ~옆에 ≠ **besides** : ~외에, ~말고도
> **by** : ~까지(완료) ≠ **until** : ~까지(계속)
> **like** : ~같은 ≠ **alike**(형용사/부사) : 비슷한, 비슷하게

We can solve this!

[Beside / Besides] **taking** care of the game addicts,
I've been active in other charitable organization.

게임 중독자를 돌보는 것 외에, 나는 자선 단체들에서 활동해 왔다.

의미를 확인하라

전치사 beside : ~ 옆에 / besides : ~외에, ~말고도

내용상 '~것 외에'의 의미이므로 ▶ Besides

* 전치사 + 동명사 : taking

243

 꼭 알아두어야 할 영어 속담

The sparraw near a school
sings the primar.
학교 근처의 참새가 입문서를 노래한다.

*primar : 라틴어 입문서

 ★ 비슷한 한국 속담
'서당개 삼 년에 풍월을 읊는다.'

244

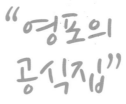
"영포의
공식집"

Chaper 20
분사구문

<95> 분사구문 기본

Finding이냐 Found냐?

★ 팡쌤의 비법공식

현재분사 ~, 주어 + 동사 → 주어와 현재분사가 능동 관계
과거분사 ~, 주어 + 동사 → 주어와 과거분사가 수동 관계

We can solve this!

[Finding / Found] in large numbers in Amazon River,
these fish sometimes attack injured people and animals in the water.

아마존 강에서 많은 수로 발견되는 이 물고기는
물 속에 있는 부상 입은 사람들과 동물들을 가끔 공격한다.

주어와 분사의 관계를 확인해라

능동 관계면 현재분사 / 수동 관계면 과거분사

주어(these fish)와 분사가 수동 관계이므로 ▶ Found

<96> 접속사 + 분사구문

asking이냐 asked냐?

★ 퐝쌤의 비법공식

> 분사구문 앞에 접속사나 부사가 있는 경우,
> 접속사 현재분사 ~, 주어 + 동사 → 주어와 현재분사가 능동 관계
> 접속사 과거분사 ~, 주어 + 동사 → 주어와 과거분사가 수동 관계
> 주어 + 동사, thus 현재분사 → 주어(앞문장)와 현재분사가 능동 관계

 We can solve this!

*
When [asking / asked] about my hobby, I was embarrassed
because I couldn't think of it.

나의 취미에 대해 질문을 받았을 때, 나는 취미가 생각나지 않아서 당황했다.

> 주어와 분사의 관계를 확인해라

> 능동 관계면 현재분사 / 수동 관계면 과거분사

주어(I)와 분사가 수동 관계이므로 ▶ asked

* 분사구문 : When asked = When (he was) asked

<97> with 분사구문

following이냐 followed냐?

★ 팡쌤의 비법공식

> with 분사구문 : ~하면서, ~한 채
> **with + 목적어 + 현재분사** → 목적어와 현재분사가 능동 관계
> **with + 목적어 + 과거분사** → 목적어와 과거분사가 수동 관계

We can solve this!

Andy was running in the park, with his dog [following / followed] him.

Andy는 공원에서 달리기를 하고 있었고, 그의 개는 그를 뒤따랐다.

with의 목적어와 분사의
관계를 확인해라

능동 관계면 현재분사 / 수동 관계면 과거분사

with의 목적어(his dog)와 분사가 능동 관계이므로 ▶ following

<98> 독립분사구문

touching이냐 touched냐?

★ 팡쌤의 비법공식

> 독립분사구문 : 분사의 의미상 주어 ≠ 문장의 주어
> 의미상의 주어 + 현재분사 → 의미상의 주어와 현재분사가 능동 관계
> 의미상의 주어 + 과거분사 → 의미상의 주어와 과거분사가 수동 관계

We can solve this!

Jenny, her heart [touching / touched], immediately gave her son a big hug.

제니는 가슴이 뭉클해져서, 즉시 아들을 꼭 안아주었다.

> 의미상의 주어와 분사의
> 관계를 확인해라

> 능동 관계면 현재분사 / 수동 관계면 과거분사

의미상의 주어(her heart)와 분사가 수동 관계이므로 ▶ touched

* 분사구문 : her heart touched = (as) her heart (was) touched

253

\<99\> 비인칭 독립분사구문

* 독립분사구문에서 분사의 의미상의 주어가 막연한 일반인을 나타낼 경우에는
의미상의 주어를 생략한 '관용 표현'을 사용할 수 있음. (암기 필수!)

★ 팡쌤의 비법공식

Frankly speaking : 솔직히 말하면
Generally speaking : 일반적으로 말하면
Taking ~into account : ~을 고려하면
Judging from + 명사(구/절) : ~으로 판단하건데
Considering + 명사(구/절) : ~을 고려해 볼 때
Speaking of 명사(구/절) : ~라고 이야기가 나왔으니 하는 말인데

We can solve this!

Considering all these characteristics of parrots,

there seem to be enough reasons for them to speak well.

앵무새의 모든 특성을 고려하면, 그들이 말을 잘할 수 있는 충분한 이유가 있어 보인다.

비인칭 독립분사구문 (관용 표현)

Considering + 명사(구/절) : ~를 고려하면

<100> 완료 분사구문

Having lived냐 Living이냐?

★ 팡쌤의 비법공식

> ### 완료 분사구문
> - 한 문장 내에서 주절과 종속절의 시점에 차이가 있을 때
> - 주절에서 언급된 동사의 행위 이전에
>   종속절(분사구문)의 행위가 이미 끝나 있음을 말할 때

* Having rained a lot, the match was canceled. (비가 많이 내려서, 그 경기가 취소되었다.)
  →경기가 취소되기 전에 이미 비가 많이 내렸다는 의미
  cf) Raining a lot, the match was canceled. (비가 많이 내려서 그 경기가 취소되었다.)
  →경기가 취소된 그 당시에 비가 내렸다는 의미

We can solve this!

[Having lived / Living] **through difficult times together, they** were **very close friends.**

어려운 시기를 함께 헤쳐왔기에, 그들은 정말 친한 친구가 됐다.

과거보다 이전의 시점(대과거)을 표현할 때   완료 시제 (완료 분사구문)

친한 친구가 된 사실 이전에 어려운 시기를 함께 해왔다는 의미이므로 ▶ Having lived

* Since they had lived through difficult times together, they were very close friends. 257

It takes two to tango.
탱고를 추려면 두 명이 필요하다.

 ★ 비슷한 한국 속담
'손바닥도 마주쳐야 소리가 난다.'

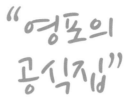

"영포의
공식집"

Chaper 21
비교

<101> as 원급 as

as냐 than이냐?

★ 팡쌤의 비법공식

> as 원급 **형용사[부사]** as A → A만큼 ~한/하게
> **not + as[so] 원급 as A** → A만큼 ~하지 않은/않게
> **배수 + as 원급 as A** → A의 배수만큼 ~한/하게

We can solve this!

The number of voters this year was twice as large [as / than] last year's.

올해 유권자 수는 작년의 두 배였다.

A의 배수만큼 ~한

배수 as 원급 형용사[부사] as A

앞에 배수 as large(원급)에 이어지므로 ▶ as

<102> 비교급 than

fast냐 faster냐?

★ 팡쌤의 비법공식

> 비교급 **형용사[부사]** + than → 더 ~한/하게
> much[far, even, still, a lot] + **비교급** → 훨씬 더 ~한/하게
> * cf) very + 원급
> **The 비교급 ~, the 비교급 ...** → ~하면 할수록 더 ...하다

We can solve this!

The birth rate decline occurs at a [fast /faster] rate than expected.

출산률 저하는 예상보다 더 빠른 속도로 일어난다.

> A보다 더 ~한

> 비교급 형용사[부사] + than A

뒤에 비교 대상을 이끄는 than이 있으므로 ▶ faster

<103> 원급 · 비교급 구문 심화

as냐 than이냐?

★ 팡쌤의 비법공식

as usual : 평소처럼	**as expected** : 예상된 것처럼
than usual : 평소보다	**than expected** : 예상된 것보다
as 원급 as possible (=as 원급 as 주어 can) : 가능한 한 ~하게	
no more important than~ (=as unimportant as~) : ~만큼 중요하지 않은	
no less important than~ (=as unimportant as~) : ~만큼 중요한	

We can solve this!

The guests had left earlier [as / than] usual at the wedding hall.

하객들은 결혼식장에서 평소보다 일찍 떠났다.

| 의미를 파악하라 | as usual : 평소처럼
than usual : 평소보다 |

내용상 '평소보다'가 어울리므로 ▶ than

<104> the 최상급

most냐 the most냐?

★ 팡쌤의 비법공식

> **one of** the 최상급 + **복수 명사** → 가장 ~한 것들 중의 하나
> the 최상급 + **of/among** ... → ... 중에서 가장 ~한
> **비교급 than any other** + **단수 명사** → 다른 어떤 것보다 더 ~한
> (= 부정 + as 원급 as A = 부정 주어 + 비교급 than)

266

We can solve this!

Plastic is one of [most / the most] prominent pollutants of our earth and ocean.

플라스틱은 우리의 땅과 바다의 가장 두드러진 오염 물질들 중의 하나다.

가장 ~한 것들 중의 하나

one of the 최상급 + 복수명사

[one of the 최상급 + 복수 명사]이므로 ▶ the most

<105> farther vs further

farther냐 further냐?

★ 팡쌤의 비법공식

far의 비교급	farther : 더 먼[멀리](거리)	further : 추가적인, 심화의 (비유)
late의 비교급	later : ~후에 이후에(시간)	latter : 뒤의, 나중의(순서)
late의 최상급	latest : 최신의 (시간)	last : 마지막의 (순서)
superior[inferior] to : ~보다 우월한[열등한]		

We can solve this!

If you want to get [farther / further] information, please call the office.

추가 정보를 얻고 싶다면, 사무실로 전화해 주세요.

<table>
<tr><td>의미를 파악하라</td><td>farther : far의 비교급 '더 먼' (거리)
further : '추가적인, 심화의' (비유)</td></tr>
</table>

information은 내용상 further(추가적인)와 어울리므로 ▶ further

꼭 알아두어야 할 영어 속담

The pot calls the kettle black.
냄비가 주전자보고 검다고 한다.

★ 비슷한 한국 속담
'똥 묻은 개가 겨 묻은 개 나무란다.'

270

"영포의
공식집"

Chaper 22
문장의 형태

<106> 문장의 종류

Let이냐 Let'S냐?

★ 팡쌤의 비법공식

- **명령문** : 주어 You 생략 + 동사원형으로 시작
- **감탄문** : How 형용사[부사] + 주어 + 동사
  What a(an) 형용사 + 명사 + 주어 + 동사
- **청유문** : Let's + 동사원형
- **간접의문문** : 의문사 + 주어 + 동사

We can solve this!

[Let / Let's] the students know what is the rule.

학생들에게 규칙이 무엇인지 알게 해라.

명령문과 청유문을 구분하라

명령문 : 주어 You생략 + 동사원형으로 시작
청유문 : Let's + 동사원형

[사역동사 let + 목적어 + 동사원형]의 명령문이므로 ▶ Let

<107> 명령문 + and[or]

and냐 or이냐?

★ 팡쌤의 비법공식

> **명령문, and ...** → ~해라, 그러면 ... 할 것이다. (= If ~)
> **명령문, or ...** → ~해라, 그렇지 않으면 ... 할 것이다.
> (= If ... not ~ = Unless ~)

We can solve this!

1) Press the button, [and / or] the door will open.
   (= If you press the button, the door will open.)
   버튼을 눌러라, 그러면 문이 열릴 것이다.

2) Leave for the station now, [and / or] you'll miss the train.
   (= Unless you Leave for the station now, you'll miss the train.)
   지금 역으로 출발해라, 그렇지 않으면 기차를 놓칠 것이다.

명령문에 이어지는 문장의 내용을 파악하라

그러면 : and
그렇지 않으면 : or

1) 내용상 '~해라, 그러면 ...'이므로 ▶ and
2) 내용상 '~해라, 그렇지 않으면 ...'이므로 ▶ or

275

<108> 가주어

It이냐 There냐?

★ 팡쌤의 비법공식

> It is 형용사[명사] **to부정사** → 가주어 It = 진주어 to부정사
> It is 형용사[명사] **that절** → 가주어 It = 진주어 that절

We can solve this!

[It / There] is evident that humans tend to destroy the environment
to benefit themselves.

인간은 자신에게 이익을 주기 위해 환경을 파괴하는 경향이 있다는 것은 명백하다.

[It is + 형용사 + that절]일 때

It는 가주어 = that절이 진주어

진주어(that절)를 대신하는 가주어이므로 ▶ It

* cf) There is 단수 명사

277

<109> 가목적어

it이냐 that이냐?

★ 팡쌤의 비법공식

동사	
make, consider, find, think	+

it + 형용사[명사] + **to부정사**
   → 가목적어 it = 진목적어 to부정사

it + 형용사[명사] + **that절**
   → 가목적어 it = 진목적어 that절

278

We can solve this!

Zebra stripes actually made [it / that] easier for zebras to recognize one another.

얼룩말의 줄무늬는 사실 얼룩말이 서로를 인식하는 것을 더욱 쉽게 만든다.

[make + it + 형용사 + to부정사]일 때

it는 가목적어 = to부정사 진목적어

진목적어(to recognize)를 대신하는 가목적어이므로 ▶ it

꼭 알아두어야 할 영어 속담

Seeing is believing.
보는 것이 믿는 것이다.

★ 비슷한 한국 속담
'백문이 불여일견이다. (백 번 듣는 것이 한 번 보는 것만 못하다.)'

"영포의
공식집"

Chaper 23

특수구문

<110> It ~ that 강조 구문

fail이냐 fails냐?

★ 팡쌤의 비법공식

> [주어 + 동사 + 목적어 + 부사]에서
> - 주어 강조 → It is + 주어 + that + 동사 + 목적어 + 부사
> - 목적어 강조 → It is + 목적어 + that + 주어 + 동사 + 부사
> - 부사 강조 → It is + 부사 + that + 주어 + 동사 + 목적어

We can solve this!

Perhaps it is the employment crisis that [fail /fails] young people and creates distance.

청년들을 실망시키고 거리감을 만들어내는 것은 아마도 고용 위기일 것이다.

[it ~ that 강조 구문]일 때

It is + 강조할 부분 + that + 나머지 문장

주어(the employment crisis)를 강조하는 문장으로서 주어가 단수이므로 ▶ fails

283

<111> 동사·명사 강조

is냐 does냐?

★ 팡쌤의 비법공식

> **동사 강조** → 조동사 do(does) + 동사원형
> **명사 강조** → the very + 명사
>   명사 + 재귀대명사

We can solve this!

True or not, she [is / does] seem to get the most attention at this concert.

사실이든 아니든, 그녀는 이번 콘서트에서 가장 많은 관심을 받는 것처럼 보인다.

| 동사를 강조할 때 | 조동사 do(does) + 동사원형 |

동사(seem)를 강조하기 위한 것이고, 주어 she가 3인칭 단수이므로 ▶ does

<112> 도치1: **부정어구**가 문장 앞에 오는 경우

obstruct냐 obstructed냐?

★ 팡쌤의 비법공식

> 부정어구 + 조동사 + 주어 + 본동사
> Only가 이끄는 부사(구/절) + 조동사 + 주어 + 본동사

We can solve this!

Never did Jane's personal mistake [obstruct /obstructed] her promotion.

Jane의 개인적인 실수가 그녀의 승진을 방해한 적은 없었다.

부정어구가 문장 맨 앞에 올 때

부정어구 + 조동사 + 주어 + 동사원형(본동사)

부정어(Never)가 문장 맨 앞에 있으면 [조동사 + 주어 + 동사원형]이므로 ▶ obstruct

* 주어와 조동사가 도치됨!

<113> 도치2: [장소 부사구/보어]가 문장 앞에 오는 경우

stood의 위치는 어디냐?

★ 팡쌤의 비법공식

- **장소 부사(구)** + 동사 + 주어
- **주격 보어** [형용사, 분사] + 동사 + 주어
- 긍정문, and so + 조동사 + 주어 : ~도 또한 그렇다
- 부정문, and neither + 조동사 + 주어 : ~도 또한 그렇지 않다

We can solve this!

High above the city, on a tall column, [1) stood] the statue of a general [2) stood].

그 도시의 위로 높게, 큰 기둥 위에, 어떤 장군의 조각상이 서 있었다.

> 장소 부사(구)가 문장 맨 앞에 올 때

> 장소 부사(구) + 동사 + 주어

장소 부사구(High above the city, on a tall column)가 문장 앞에 있으므로 ▶ 1번

＊ 주어와 동사가 도치됨!

<114> 생략

any냐 ever냐?

★ 팡쌤의 비법공식

> ● **if any** (명사) → ~이 있다고 하더라도
> ● **if ever** (동사) → ~한다고 하더라도
> ● 가정법 if + 주어 + 동사 → (if) 조동사 + 주어 + 동사
> ● 선행사 + (목적격 관계대명사) + 주어 + 본동사
> ● 선행사 + (주격 관계대명사 + be동사)

We can solve this!

Few, if [any / ever], of the students understood what was asked of them.

그 학생들 중 자신들에게 요구되는 바를 이해한 학생들은, 있었다 하더라도, 거의 없었다.

생략된 것을 확인해라

if any (명사 생략) / if ever (동사 생략)

내용상 '학생들이 있다고 하더라도'로 명사가 생략되었으므로 ▶ any

The grass is greener
on the other side of the fence.
잔디는 울타리 건너편이 더 푸르다.

★ 비슷한 한국 속담
'남의 떡이 더 커 보인다.'

"영포의
공식집"

부록

목적어로 [to부정사 또는 동명사]가 오는 동사들을 외워보자

<1> 목적어로 to부정사가 오는 동사

afford 여유가 있다	**appear** ~하게 보이다	**ask** 묻다
atemp 시도하다	**agree** 동의하다	**decide** 결정하다
desire 바라다	**expect** 기대하다	**fail** 실패하다
help ~를 돕다	**hope** 희망하다	**hesitate** 주저하다
learn 배우다	**manage** 어떻게든 ~해내다	**offer** 제안하다
pretend ~하는 척하다	**promise** 약속하다	**plan** 계획하다
prepare 준비하다	**propose** 제안하다	**refuse(=reject)** ~을 거절하다
seem ~하게 보이다	**serve** 제공하다	**seek** 구하다
swear ~를 맹세하다	want 원하다	**wish** 바라다

<2> 목적어로 동명사가 오는 동사

avoid 피하다	**admit** 인정하다	**consider** 고려하다
celebrate 축하하다	**dislike** 싫어하다	**deny** 부인하다
enjoy 즐기다	**finish** 끝내다	**give up** 포기하다
keep 계속하다	**mind** ~을 꺼리다	**practice** 연습하다
postpone 연기하다	**suggest** 제안하다	**quit** 그만두다

<3> 목적어로 to부정사와 동명사가 모두 올 수 있는 동사

begin 시작하다	**continue** 계속하다	**hate** 미워하다
intend 의도하다	**like** 좋아하다	**love** 사랑하다
prefer 선호하다	**stand** 참다, 견디다	start 시작하다

\<4\> 목적어로 to부정사가 올 때와 동명사가 올 때 뜻이 달라지는 동사

stop + to부정사	stop + ~ing
→ ~하기 위해 멈추다	→ ~하던 것을 멈추다
remember + to부정사 **(미래)**	remember + ~ing **(과거)**
→ ~할 것을 기억하다 (잊지 않다)	→ ~한 것을 기억하다 (잊지 않다)
forget + to부정사 **(미래)**	forget + ~ing **(과거)**
→ ~할 것을 잊어버리다	→ ~한 것을 잊어버리다
try+ to부정사	try + ~ing
→ ~하려고 애쓰다	→ 시험 삼아 ~해 보다 (실제로 한 것)
mean + to부정사	mean + ~ing
→ ~할 작정이다, 의도하다	→ ~을 의미하다
regret + to부정사	regret + ~ing
→ ~하게 되어 유감이다	→ ~한 것을 후회하다

감정 형용사들을 외워보자

외워야 할 감정 형용사

감정을 나타내는 감정 분사는 '～하게 하다, ～시키다'라는 의미를 가지고 있는 타동사로
'그 감정을 불러일으키다.'라는 의미일 때는 현재분사(～ing)로 사용하고
'어떠한 감정을 느끼다.'라고 표현할 때는 과거분사(p.p.) 형태로 사용한다.

예) interst 관심을 끌다 – intersting(현재분사) 관심을 끄는 – intersted(과거분사) 관심 있는

interesting 관심을 끄는 – **interested** 관심 있는	**amusing** 놀라게 하는 – **amused** 놀란
exhausting 지치게 하는 – **exhausted** 지친	**amazing** 놀라게 하는 – **amazed** 놀란
depressing 낙담시키는 – **depressed** 낙담한	**surprising** 놀라게 하는 – **surprised** 놀란
impressing 감동시키는 – **mpressed** 감동 받은	**tiring** 피곤하게 하는 – **tired** 지친
irritating 짜증 나게 하는 – **irritated** 짜증 난	**boring** 지루하게 하는 – **bored** 지루한
scaring 겁나게 하는 – **scared** 겁이 난	**pleasing** 기쁘게 하는 – **pleased** 기쁜
delighting 즐겁게 하는 – **delighted** 즐거운	**satisfing** 만족시키는 – **satisfied** 만족한
frightening 놀라게 하는 – **frightened** 놀란	**upseting** 당황하게 하는 – **upset** 당황한
touching 감동시키는 – **touched** 감동 받은	**annoying** 귀찮게 하는 – **annoyed** 귀찮은
disappointing 실망시키는 – **disappointed** 실망한	**shocking** 충격을 주는 – **shocked** 충격 받은
concerning 걱정시키는 – **concerned** 걱정하는	**exciting** 흥분시키는 – **excited** 흥분한

부록 C.

혼동 어휘에 주의하자

\<1\> find vs found

find 냐 found 냐?

★ 팡쌤의 비법공식

find(발견하다)-found-found	found(설립하다)-founded-founded
bind(묶다)-bound-bound	bound(튀다)-bounded-bounded
grind(갈다)-ground-ground	ground(토대를 두다)-grounded-grounded
wind(감다)-wound-wound	wound(부상을 입히다)-wounded-wounded
hang(매달다)-hung-hung	hang(교수형시키다)-hanged-hanged

We can solve this!

It is quite a long time since the company was [found / founded].

회사가 설립된 지는 꽤 오래됐다.

> find(발견하다)-found-found / found(설립하다)-founded-founded

내용상 그 회사가 '발견된' 이 아니라 '설립된' 이므로 ▶ founded

303

<2> affect vs effect

affect냐 effect냐?

★ 팡쌤의 비법공식

동사	명사
affect (영향을 미치다)	**effect** (영향, 효과)
advise (충고하다)	**advice** (충고)
identify (알다, 식별하다)	**identity** (정체성)
device (고안하다)	**device** (장치)

We can solve this!

It is hand to tell what [affect / effect] the new rules will have.

새 규칙들이 어떤 효과를 가질지 말하기가 어렵다.

> **동사 affect : 영향을 미치다 / 명사 effect : 영향, 효과**

의문 형용사(what:어떤)의 수식을 받으면서 동사(have)의 목적어이므로 ▶ effect

305

<3> live vs alive

live냐 alive냐?

★ 팡쌤의 비법공식

형용사 live (실황의)	형용사 alive (살아있는 : 명사 뒤에서 서술)
형용사 sleeping (잠자는)	형용사 asleep (잠을 자고 있는 : 명사 수식 불가)
전치사 across (~를 가로질러)	전치사 along (~를 따라)

We can solve this!

We watched a(an) [live / alive] broadcast of the performance.

우리는 그 공연의 실황 방송을 보았다.

형용사 live : 실황의 / 형용사 alive : 살아있는

내용상 '살아있는'이 아니라 '실황의'라는 의미이므로 ▶ live

\<4\> most vs almost

Most냐 Almost냐?

★ 팡쌤의 비법공식

most (대부분의) + 명사	almost (거의) + 동사 + 형용사[부사]
most of 명사 : ~의 대부분	**almost all (of)** 명사 : 거의 모든 ~
mostly : 주로 (부사)	

We can solve this!

[Most / Almost] of us used to travel every weekend.

우리들 중 대부분은 주말마다 여행을 다니곤 했다.

> **most of 명사 : ~의 대부분 / almost all (of) 명사 : 거의 모든 ~**

[Most of 명사] 구문으로 '~의 대부분'이라는 의미이므로 ▶ Most

고집북스 〈포기하기마 삼총사〉 완결 키념 이벤트 !!!!

〈이벤트 참여 방법〉
1) 수포, 국포, 영포 삼총사의 리뷰를 다음 중 1곳 이상 올린다.
   (국, 영, 수 중 하나만 선택해서 올려도 됨)
   -개인SNS (인스타그램, 페이스북, 트위터, 블로그 등) : 비공개 계정 제외
   -온라인 서점 (교보문고, 예스24, 알라딘 등)
   -유튜브
2) 고집북스 '오픈채팅방'에 리뷰한 게시물 링크를 공유한다.

〈이벤트 선물〉
매월 '굿 리뷰어' 세 명을 선정하여 '문화상품권(만원)'을 보내드립니다.
발표 : 매월 말일 고집북스 오픈채팅방 and 고집북스 인스타그램

고집북스 오픈채팅
바로가기!
▼▼▼▼▼▼

영또의 공식집

발행일 2023년 6월 24일 (초판 1쇄)

기획   고은영, 박아민
집필   박아민
디자인   이종하, 고은영
영상   박아민

펴낸곳   고집북스
펴낸이   고은영
신고   2020년 11월 26일 (제2020-000048호)
주소   충남 아산시 매곡한들7길 20
이메일   savvy75@hanmail.net
인스타그램   @gozipbooks
ISBN   979-11-983855-5-0